Meine schönsten Bibelgeschichten

Mit Bildern von Kees de Kort

Deutsche Bibelgesellschaft

Die biblischen Geschichten in diesem Buch sind auf eine einfache und leicht verständliche Weise erzählt. So, dass Kinder es verstehen können. Manches ist bewusst vereinfacht und gerafft. Es geht um eine erste Bekanntschaft, nicht um ein Ausschöpfen des vollen und oftmals tiefen Sinnes.

Wer die Geschichten im originalen Wortlaut in der Bibel nachlesen will, findet im Inhaltsverzeichnis am Ende des Buches die entsprechenden Hinweise.

ISBN 978-3-438-04191-3
© 1998 Deutsche Bibelgesellschaft, Stuttgart
Bilder © Stichting Docete / Kees de Kort, Utrecht
Bibeltext nacherzählt von Hellmut Haug
Gestaltung Hans Hug, Stuttgart
Alle Rechte vorbehalten
Printed in Germany
Texte in neuer Rechtschreibung

Geschichten aus alter Zeit

Die Bibel ist das Buch Gottes.
Wir können Gott nicht sehen,
aber er ist uns immer nahe.
Schon in alter Zeit haben Menschen das erlebt.

Gott erschafft die Welt

Am Anfang schuf Gott den Himmel und die Erde. Alles, was es gibt, kommt von Gott. Er hat es gemacht.

Auf der Erde war es zuerst ganz leer und finster. Da rief Gott: „Es werde Licht!" Und es wurde hell.

Und Gott sah, dass das Licht gut war.

Gott machte die Sonne, den Mond und die Sterne. Er machte den blauen Himmel und die Regenwolken. Er sagte: „Auf der Erde soll sich das Wasser in großen Becken sammeln." So trennte Gott das Land vom Meer. Und er sah, dass es gut war.

Dann sagte Gott: „Auf der Erde sollen grüne Pflanzen wachsen: Gras und Kräuter, Büsche und Bäume. Es sollen Blumen blühen und Früchte reifen." Und Gott sah, dass es gut war.

Gott machte die Fische im
Meer und die Vögel in der Luft.
Dann sagte er: „Auch auf dem
Land soll sich Leben regen!"
Er machte die vielen Tiere,
die auf dem Land leben,
die großen und die kleinen.
Und Gott sah, dass es gut war.

Er sagte zu den Tieren,
zu den Vögeln und zu den
Fischen: „Vermehrt euch!
Breitet euch über die ganze
Erde aus!"

Dann sagte Gott: „Jetzt will ich etwas schaffen, das mir ähnlich ist. Ich will Menschen machen." Und er schuf den Menschen nach seinem Bild, er schuf Mann und Frau.

Er sagte zu den Menschen: „Vermehrt euch und breitet euch über die Erde aus! Ich setze euch über die Fische und die Vögel und über alle anderen Tiere. Ich vertraue sie eurer Fürsorge an."

Zuletzt sah Gott alles an, was er geschaffen hatte. Und er sah: Es war alles sehr gut.

Nun ruhte Gott und freute sich an seinen Werken. Er sagte: „Ich habe alles vollendet. Auch die Menschen sollen einen Ruhetag halten. Sie sollen mich, ihren Schöpfer, preisen."

So hat Gott den Himmel und die Erde erschaffen.

Gott rettet Noah in der Arche

Noah baute ein Schiff mitten auf dem trockenen Land. „Wie kommt er darauf?", so fragten sich die Leute. „Hier ist doch kein Wasser!" Aber Noah wusste, warum er es tat.

Eines Tages hatte er die Stimme Gottes gehört. „An dir habe ich Freude, Noah", sagte Gott zu ihm. „Du bist gut zu Menschen und Tieren. Aber sonst gibt es niemand mehr auf der ganzen Erde, an dem ich Freude haben kann. Alle sind böse, sie schlagen sich, sie rauben und morden. Ich sehe nicht mehr länger zu. Nur dich und deine Familie will ich retten. Baue dir ein großes Schiff!"

Man nennt Noahs Schiff die Arche. Als es fertig war, sagte Gott zu Noah: „Geh mit deiner Frau und deinen Kindern in die Arche. Nimm auch Tiere mit, von jeder Art ein Paar. Ich will nicht, dass alles Leben untergeht. Bald wird die Sintflut kommen."

Die Tiere kamen herbei, ein langer Zug. Als alle drinnen waren, machte Gott die Türe fest zu. Es begann in Strömen zu regnen und hörte nicht mehr auf.

Das Wasser stieg und stieg. Es war höher als die Häuser und die Bäume, sogar die hohen Berge verschwanden im Wasser. Nur die Arche schwamm obenauf.

Nach vielen Wochen hörte es auf zu regnen. Langsam begann das Wasser wieder zu sinken. Eines Tages setzte die Arche auf einem Berggipfel auf. Aber ringsrum war überall noch Wasser.

Noah wollte wissen, wie es auf der Erde aussah. Er schickte eine Taube aus, aber sie fand keinen trockenen Fleck und kehrte wieder zurück.

Nach sieben Tagen schickte er sie zum zweiten Mal aus. Am Abend kam sie zurück und hatte einen Zweig im Schnabel. Sie hatte ihn von einem Ölbaum abgepflückt. Nach weiteren sieben Tagen ließ Noah die Taube ein drittes Mal fliegen und sie kam nicht mehr zurück.

Jetzt wusste er: Die Erde war trocken. Er ging aus der Arche und mit ihm seine Frau, seine Kinder und alle Tiere. Er baute Gott einen Altar und dankte ihm.

Da sagte Gott zu Noah: „Ich will nie wieder eine Sintflut über die Erde kommen lassen. Zum Zeichen dafür setze ich den Regenbogen in die Wolken. Wenn ihr ihn seht, dann wisst ihr: Gott meint es gut mit uns."

Abraham folgt Gottes Ruf

Im Land der großen Ströme lebte Abraham mit seiner Frau Sara. Eines Tages hörte er die Stimme Gottes: „Geh fort von hier! Lass alles zurück, dein Haus, deine Verwandten und deine Freunde. Geh in das Land, das ich dir zeigen werde.

Ich will dich segnen.
Ich mache dich zum Vater von einem großen Volk."

Abraham packte alles zusammen und zog mit Sara und seinen Knechten fort.

Oft machte Abraham sich Gedanken. Er dachte:

„Ich bin schon alt und Sara auch. Wir haben keine Kinder. Wie soll das zugehen, dass ich zum Vater von einem großen Volk werde?"

Aber Abraham vertraute Gott. Er wusste: Gott tut, was er sagt.

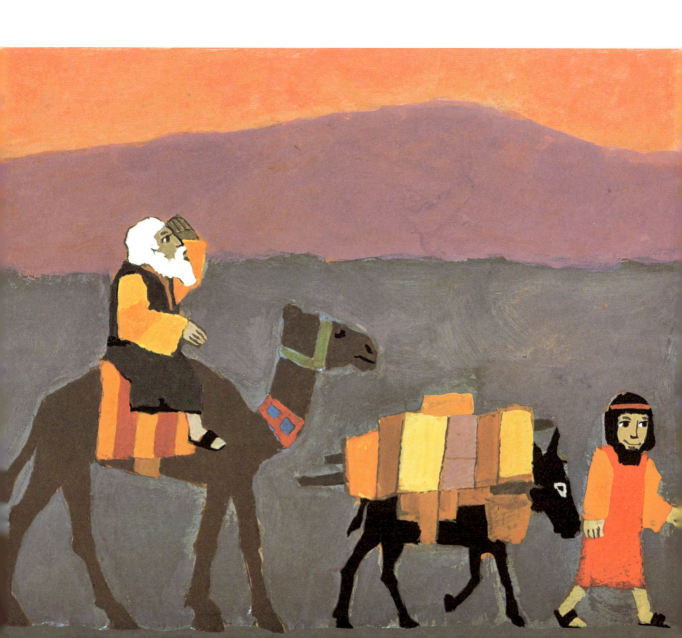

Abraham und Sara lebten nun schon viele Jahre in dem Land, in das Gott sie gebracht hatte. Sie wohnten in einem großen Zelt. Aber sie hatten immer noch kein Kind.

Eines Tages kamen drei Fremde zu Besuch. Abraham bat sie ins Zelt und ließ ein Essen für sie zubereiten.

Als die Männer gegessen und getrunken hatten, sagte der eine von ihnen zu Abraham:

„Nächstes Jahr um diese Zeit komme ich wieder, dann hat deine Frau Sara einen Sohn." Abraham erschrak und dachte: Woher weiß er das? Kann es sein, dass Gott selbst mich besucht?

Sara hatte es gehört, aber sie glaubte es nicht. Sie lachte und sagte: „Ich bin alt, ich bekomme keine Kinder mehr."
Der Mann sagte zu Abraham: „Warum lacht Sara? Für Gott ist nichts unmöglich."

22

Nach einem Jahr haben Sara und Abraham einen Sohn. Sie nennen ihn Isaak. Der Name erinnert in ihrer Sprache an „Lachen".

Vor einem Jahr hatte Sara gelacht: „So etwas gibt es doch nicht!"

Jetzt kann sie vor Freude lachen. Gott hat sein Wort gehalten.

Esau und Jakob

Als Isaak ein Mann geworden war, heiratete er Rebekka. Sie bekamen zwei Kinder, Esau und Jakob. Esau war der Liebling des Vaters. Er ging gerne auf die Jagd und brachte jedes Mal ein erlegtes Wild nach Hause.

Jakob blieb lieber bei den Schafen. Er war der Liebling der Mutter.

Isaak war schon alt und konnte nicht mehr sehen. Eines Tages sagte er zu Esau:

„Ich will dich segnen, bevor ich sterbe. Du bist der Ältere, du sollst der Erbe sein. Jage mir ein Wild und mache mir daraus einen leckeren Braten. Wenn ich mich gestärkt habe, segne ich dich."

Rebekka hatte hinter der Zeltwand alles mit angehört. Sie dachte: Das darf nicht sein! Schon bevor die Kinder geboren waren, hatte Gott zu ihr gesagt: „Der jüngere Sohn wird der Herr, der ältere Sohn wird sein Knecht."

Schnell rief sie Jakob und sagte: „Hol mir von der Herde zwei Ziegenböckchen. Ich mache daraus einen leckeren Braten, wie ihn dein Vater gern hat. Den bringst du ihm, damit er dich segnet."

„Aber der Vater wird es merken", sagte Jakob. „Er wird mich betasten. Meine Haut ist glatt, die Haut Esaus ist rau."

Rebekka wusste Rat: „Du ziehst Esaus gute Kleider an und ich wickle dir das raue Ziegenfell um die Arme."

27

28

Als alles bereit war, ging Jakob ins Zelt zu seinem Vater und sagte: „Hier bin ich, Vater. Setz dich und iss. Der Braten ist fertig."

Isaak war überrascht und fragte: „Wie ging das so schnell? Bist du auch wirklich mein Sohn Esau? Komm her, lass dich betasten." Als er das raue Fell fühlte, war er beruhigt und aß.

Dann segnete er Jakob. Er sagte: „Auf dir soll der Segen ruhen! Dir soll gehören, was Gott meinem Vater Abraham versprochen hat. Gott schenke dir Korn und Wein in Fülle! Du sollst der Herr sein, dein Bruder der Knecht."

Kaum hatte sich Jakob aus dem Zelt geschlichen, da kam auch schon Esau mit einem Wild von der Jagd zurück. Er bereitete daraus eine Braten, ging zu seinem Vater ins Zelt und sagte: „Hier bin ich, Vater. Setz dich und iss. Der Braten ist fertig."

Isaak erschrak und rief: „O weh, du bist Esau! Ich erkenne die Stimme! Dann war der andere dein Bruder, und ich habe ihn gesegnet!"

Esau weinte und rief: „Vater, segne mich auch!" Aber Isaak sagte: „Es ist zu spät. Ich habe deinem Bruder alles gegeben."

An den folgenden Tagen ging Esau mit finsterem Blick umher. Er sprach kein Wort, nur manchmal murmelte er halblaut vor sich hin: „Das muss er mir büßen! Das muss er mir büßen!"

Rebekka rief Jakob zu sich und sagte: „Esau will dich umbringen. Du musst fliehen. Geh zu meinem Bruder Laban, deinem Onkel! Dort bist du in Sicherheit."

Es war eine weite Reise. Zu Fuß dauerte sie viele Wochen. Am ersten Abend legte sich Jakob im Freien schlafen.

In der Nacht hatte er einen Traum. Er sah das Tor des Himmels offen. Eine Treppe ging vom Himmel bis auf die Erde. Engel kamen auf der Treppe zur Erde herunter, andere Engel stiegen zum Himmel hinauf. Ganz oben auf der Treppe stand Gott. Er sagte zu Jakob:

„Ich bin der Gott deines Vaters Isaak und deines Großvaters Abraham. Ich gehe mit dir. Ich bringe dich wieder hierher zurück. Das Land, auf dem du liegst, soll dir und deinen Kindern gehören. Ich segne dich. Ich mache dich zum Vater von einem großen Volk."

Als Jakob erwachte, rief er: „Hier wohnt Gott! Hier ist das Himmelstor! Wenn ich wiederkomme, will ich hier ein Haus für Gott bauen."

Jakob wanderte weiter. Er hatte jetzt keine Angst mehr. Er wusste: Gott hilft mir, Gott geht mit.

Josef und seine Brüder

Viele Jahre waren vergangen, da kehrte Jakob wieder in seine Heimat zurück. Esaus Zorn hatte sich gelegt, und er verzieh ihm. Jakob hatte in der Fremde geheiratet und brachte zwölf Söhne mit, dazu große Viehherden.

Josef, der Zweitjüngste, war Jakobs Liebling. Der Vater schenkte ihm ein kostbares Kleid mit bunten Ärmeln. Die anderen Brüder wurden neidisch auf Josef.

Einmal hatte Josef einen Traum, den erzählte er seinen Brüdern: „Denkt euch, was ich geträumt habe! Wir waren miteinander auf dem Feld und banden Ähren zu Garben zusammen. Jeder von uns hatte gerade eine Garbe fertig und stellte sie auf. Die meine stand in der Mitte, und eure Garben verneigten sich vor ihr." Die Brüder waren empört: „Du bildest dir wohl ein, du wirst unser König und wir fallen vor dir nieder?"

Einige Zeit danach zogen die großen Brüder mit den Herden durch die Gegend, um gute Weide zu finden. Josef blieb zu Hause. Da rief der Vater ihn zu sich und sagte: „Sieh einmal nach deinen Brüdern, ob es ihnen gut geht!"

Die Brüder sahen Josef schon von weitem. Sie sagten: „Jetzt werden wir es ihm zeigen! Dann wird man sehen, ob seine Träume in Erfüllung gehen."

Sie warfen Josef in ein leeres Wasserloch und überlegten, was sie mit ihm machen sollten. Plötzlich rief einer der Brüder: „Dort kommt eine Karawane, es sind Araber auf Kamelen! Wir verkaufen ihnen Josef. Dem Vater sagen wir: Ein Löwe hat ihn gefressen."

Sie zogen Josef aus der Grube und verkauften ihn an die arabischen Händler. Die brachten Josef nach Ägypten und verkauften ihn dort als Sklaven.

Der König der Ägypter, der Pharao, hatte einen Traum. Aus dem Nil kamen sieben Kühe. Es waren gesunde, prächtige Tiere, groß und fett. Aber dann kamen sieben andere Kühe aus dem Nil. Sie waren hässlich und mager. Die mageren Kühe fraßen die fetten auf und blieben doch genauso mager wie vorher. Der Traum machte dem Pharao Angst. Was hatte er zu bedeuten? Niemand konnte es ihm sagen.

Einer von den obersten Dienern des Pharao sagte: „Ich kenne einen hebräischen Sklaven, der hat mir einmal einen Traum gedeutet. Es ist alles genau eingetroffen."
Der Pharao befahl: „Bring ihn sogleich zu mir!"
So kam Josef zum Pharao.

Der Pharao erzählte ihm seinen Traum. Josef sagte: „Der Traum kommt von Gott. Gott hat mir gesagt, was er bedeutet. Die sieben fetten Kühe sind sieben gute Jahre. Sieben Jahre lang wächst viel Korn in Ägypten, mehr als man essen kann. Die sieben mageren Kühe sind sieben schlechte Jahre. Sieben Jahre lang wächst überhaupt kein Korn. Die Menschen haben nichts zu essen. Ich rate dir: Sammle in den sieben guten Jahren das überschüssige Korn und gib es deinen Leuten in den sieben schlechten Jahren."

Der Pharao sagte: „Du sollst das für mich machen, Josef! Befiehl, und die Ägypter sollen dir gehorchen."

Als die schlechten Jahre anfingen, kamen die Menschen in Scharen zu Josef und er gab ihnen Korn. Auch in der Heimat Josefs gab es nichts mehr zu essen. So schickte Jakob zehn von seinen Söhnen nach Ägypten.

Josef erkannte die Brüder sofort, aber sie erkannten ihn nicht. Er war streng und sagte zu ihnen: „Ihr seid Spione, ihr müsst ins Gefängnis."

Die Brüder stritten es ab und erzählten von ihren Herden, von ihrem alten Vater und von dem jüngsten Bruder, der zu Hause geblieben war. Josef sagte: „Bringt mir euren jüngsten Bruder, dann will ich euch glauben. Einer von euch bleibt solange gefangen bei mir." Er gab ihnen reichlich Korn mit, aber einer von ihnen, Simeon, musste in Ägypten bleiben.

Jakob wollte Benjamin, seinen Jüngsten, nicht ziehen lassen. Er sagte: „Josef ist nicht mehr da, Simeon ist nicht mehr da, jetzt wollt ihr mir auch noch Benjamin wegnehmen!"

Aber nach einiger Zeit war das Korn verbraucht. Die Brüder sagten zu ihrem Vater: „Jetzt müssen wir wieder nach Ägypten. Aber ohne Benjamin dürfen wir nicht kommen!" Da gab Jakob nach.

So kamen die Brüder zum zweiten Mal nach Ägypten.

Diesmal wollte Josef die Brüder auf die Probe stellen. Als sie ihr Korn bekamen, versteckte er seinen Silberbecher in Benjamins Sack. Ein Diener musste ihnen nachjagen und sagen: „Ihr habt den Becher meines Herrn gestohlen!"

Der Becher fand sich in Benjamins Sack. Der Diener sagte: „Ihr anderen könnt weiterziehen, nur der Dieb muss mit mir kommen." Aber alle Brüder kehrten mit Benjamin um.

Sie standen wieder vor Josef. Einer der Brüder trat vor und sagte: „Bitte, lass doch den Jungen ziehen! Unser Vater wird es nicht überleben, wenn

er ihn verliert. Ich werde an seiner Stelle hierbleiben und dein Sklave sein."

Als Josef das hörte, konnte er sich nicht länger verstellen und rief: „Keiner wird Sklave! Ich bin euer Bruder Josef!"

Sie wurden bleich vor Schreck. Aber Josef sagte: „Habt keine Angst, ich bin euch nicht mehr böse. Gott hat mich nach Ägypten geschickt, damit ihr nicht verhungern müsst. Hier ist genug Brot für alle. Holt unseren Vater Jakob! Ihr habt es böse gemeint, aber Gott hat alles zum Guten gewendet."

So kam die ganze Familie Jakobs nach Ägypten.

Der Auszug aus Ägypten

Die Söhne Jakobs blieben in Ägypten und bekamen Kinder, Enkel und Urenkel. So wurde aus ihnen im Lauf der Zeit ein großes Volk, ganz wie Gott es Abraham versprochen hatte – das Volk der Israeliten.

Die Ägypter waren jetzt nicht mehr so freundlich zu ihnen wie am Anfang. Ein neuer Pharao kam auf den Thron, der behandelte sie wie Sklaven. Sie mussten hart für ihn arbeiten und wurden von den ägyptischen Aufsehern geschlagen.

Nur einer brauchte nicht zu arbeiten: Mose. Schon als Kind war er an den Königshof gekommen und lebte wie ein Prinz. Doch eines Tages sah er, wie ein ägyptischer Aufseher einen Israeliten verprügelte. Da packte ihn der Zorn und er schlug den Ägypter tot.

Jetzt musste er selbst um sein Leben fürchten. Er floh aus Ägypten und kam in die Wüste an einen einsamen Berg.

Dort hörte er die Stimme Gottes: „Geh zurück nach Ägypten und führe die Israeliten heraus. Bringe sie an diesen Berg! Ich habe gesehen, was sie leiden müssen. Ich habe ihr Schreien gehört."

Mose tat, was Gott ihm aufgetragen hatte. Er führte die Israeliten aus Ägypten fort.

Zuerst wollte der Pharao die Israeliten nicht ziehen lassen. Sie sollten für ihn arbeiten. Aber er musste erkennen: Gott war stärker als er. Mose ließ im Auftrag Gottes schwere Plagen über die Ägypter kommen: Heuschrecken, Hagel, Krankheit und Tod. Da gab der Pharao nach.

Aber als dann die Israeliten weg waren, ärgerte er sich. Er rief seine schnellsten Soldaten, ließ Pferde vor die eisernen Kriegswagen spannen und jagte den Israeliten nach.

Das Volk sah schon von weitem die Staubwolke und die blitzenden Wagen. „Die Ägypter! Wir sind verloren!" So ging der Angstschrei durch die Reihen. Wohin fliehen? Vor ihnen war ein Meeresarm, der ihnen den Weg verlegte.

Auch Mose zitterte und schrie zu Gott, doch dann wurde er ganz ruhig. Er hatte wieder die Stimme gehört. Er rief den Israeliten zu: „Habt keine Angst, Gott wird für euch kämpfen!"

Mose streckte seinen Stab gegen das Meer aus, und das Meer wich zurück. Trockenen Fußes führte er die Israeliten ans andere Ufer. Dann wandte er sich um und sah die Ägypter hinterherkommen, den Pharao und die ganze Truppe mit den Pferden und Kriegswagen.

Noch einmal streckte Mose den Stab gegen das Meer aus. Da flutete das Wasser zurück und die Ägypter ertranken.

Moses Schwester Mirjam nahm eine Handpauke und stimmte den Lobgesang an, und alle fielen ein:

„Lasst uns dem Herrn singen, denn er hat eine herrliche Tat getan: Ross und Mann hat er ins Meer gestürzt."

So führte Gott sein Volk aus Ägypten.

Der Weg ins versprochene Land

Gott hatte seinem Volk versprochen: „Ich gebe euch ein eigenes Land." Jetzt waren die Israeliten auf dem Weg dorthin. Der Weg führte durch die Wüste.

In der Wüste gab es nichts zu essen und nichts zu trinken. Die Israeliten hatten Brot und Wasser mitgenommen. Aber es reichte nicht für den weiten Weg. Nach einigen Tagen ging das Wasser zu Ende. Sie hatten großen Durst.

Da fanden sie eine Quelle, aber das Wasser war bitter. Sie konnten es nicht trinken. Mose betete zu Gott, und Gott sagte zu ihm: „Hier liegt ein Stück Holz. Wirf es in das Wasser, dann könnt ihr es trinken."

Als sie weiterzogen, ging auch das Brot zu Ende. Die Leute kamen zu Mose und sagten: „Gib uns Brot! Wir müssen verhungern. Wären wir doch in Ägypten geblieben, da hatten wir wenigstens zu essen!"

Da sagte Gott zu Mose: „Ich lasse euch Brot vom Himmel regnen. Ihr sollt nicht hungern."

Am nächsten Morgen war der Sandboden rings um das Lager mit kleinen Körnern bedeckt. Die Leute sammelten sie in Krügen. Sie schmeckten süß, und man konnte Brot daraus backen. Sie nannten es Manna. Sie fanden die Körner von jetzt an jeden Morgen.

Nach vielen Wochen kam das Volk an den Berg Sinai. Hier hatte Gott zu Mose gesagt: „Führe die Israeliten aus Ägypten fort und bringe sie an diesen Berg."

Am Fuß des Berges schlugen sie ihr Lager auf.

Gott sagte zu Mose: „Steig allein auf den Berg. Dort will ich mit dir reden."

Auf dem Berg sagte Gott zu Mose: „Ich habe euch aus Ägypten geführt. Ich habe euch in der Wüste versorgt und euch beschützt.

Ich will euer Gott sein
und ihr sollt mein Volk sein.
Lebt nun auch so, dass ich
an euch Freude habe. Ich gebe
auch jetzt meine Gebote. Das
wichtigste ist: Liebt mich von
ganzem Herzen und liebt eure
Mitmenschen ebenso."

So gab Gott Mose die Zehn
Gebote. Er schrieb sie auf
steinerne Tafeln.

Gott sagte zu Mose: „Macht einen schönen Kasten aus Holz und überzieht ihn mit Gold. Macht einen goldenen Deckel mit Engeln darauf. In den Kasten legst du die Tafeln mit meinen Geboten."
Weiter sagte Gott: „Baut für den Kasten ein Zelt aus kostbaren Teppichen. Dort sollt ihr zu mir beten.

Nehmt den Kasten und auch das Zelt mit in das Land, das ich euch geben will. Denkt immer daran, was ich für euch getan habe."

Als alles fertig war, packten die Israeliten ihre Zelte zusammen. Sie nahmen den goldenen Kasten und machten sich auf den Weg in das versprochene Land.

52

Ruts Treue wird belohnt

Die Israeliten wohnten nun schon lange in ihrem eigenen Land. Sie säten und ernteten das Korn auf den Feldern und auf den Bergen weideten sie ihre Schafe und Ziegen. Oft mussten sie das Land gegen Feinde verteidigen.

Manchmal kam es vor, dass es lange nicht regnete. Dann wuchs kein Korn auf den Feldern und die Menschen mussten hungern.

Während einer solchen Hungersnot zog eine Familie aus Betlehem in das Nachbarland, wo es zu essen gab. Sie waren vier: der Vater, die Mutter und zwei Söhne.

Nach einiger Zeit starb der Vater. Als die Söhne groß waren, heirateten sie zwei Mädchen aus dem fremden Land. Aber auch die beiden Söhne starben. Nun waren die drei Frauen allein.

Die Mutter, Noomi, sagte zu den beiden jungen Frauen: „Ich gehe zurück nach Betlehem. Ihr habt hier eure Heimat. Bleibt da und werdet glücklich!"

Die eine von den beiden Frauen blieb zurück. Aber die andere sagte: „Ich gehe mit dir! Dein Volk ist auch mein Volk. Dein Gott ist auch mein Gott. Ich verlasse dich nie."

So ging sie mit Noomi. Sie hieß Rut.

Als sie nach Betlehem kamen, war gerade Erntezeit. Auf den Feldern wurde das Korn geschnitten und in Garben nach Hause gebracht. Die Armen durften die Ähren aufsammeln, die liegen geblieben waren. Auch Rut sammelte Ähren, damit sie und Noomi zu essen hatten.

Der Besitzer des Feldes kam vorbei und sah Rut. Er hieß Boas. Er war freundlich zu Rut und sagte: „Du darfst gerne auf meinem Feld Ähren lesen." Zu seinen Knechten sagte er: „Lasst immer ein paar Ähren mehr liegen, wenn Rut auf dem Feld ist."

Als sie dann am Feldrand Mittagspause machten, lud Boas Rut ein und sagte: „Setz dich zu uns und iss mit! Du wirst hungrig sein."

Am Abend kam Rut nach Hause und erzählte Noomi von Boas. Sie sagte: „Er war so freundlich zu mir. Ich bin doch arm wie eine Bettlerin und eine Ausländerin bin ich auch. Die anderen Leute sehen mich nur verächtlich an."

Noomi freute sich. Sie rief: „Gott sei gelobt, dass er dich gerade auf das Feld von Boas geführt hat! Boas ist mit uns verwandt. Er ist gut und wird uns helfen."

Sie sagte zu Rut: „Du weißt, unsere Familie hatte hier auch ein Feld. Wir mussten es verkaufen, weil wir so viele Schulden hatten. Nach dem Gesetz muss ein Verwandter es für uns zurückkaufen. Boas muss das machen! Geh du hin, dir wird er es nicht abschlagen. Ich sehe, dass er dich gern hat."

Sie warteten noch, bis die Ernte eingebracht war. Noomi dachte: „Es ist eine gute Ernte, da wird Boas zufrieden sein." Am Abend ging Rut zu Boas und warf sich vor ihm nieder. Sie sagte: „Hilf uns! Noomi hatte früher hier ein Feld. Kauf es für uns zurück! Gott wird es dir lohnen."

Boas legte Rut die Hand auf die Schulter und sagte: „Steh auf! Ich will noch mehr tun. Ich habe gesehen, wie treu du für Noomi sorgst. Du hast ein gutes Herz. Sei meine Frau! Noomi soll auch bei uns wohnen."

Sie feierten die Hochzeit und nach einem Jahr hatte Rut einen Sohn. Noomi war überglücklich und hielt das Kind auf dem Schoß.

Rut, die Ausländerin, hatte eine neue Heimat gefunden.

David und Goliat

Immer wieder fielen Feinde ins Land ein. Da sagten die Israeliten: „Wir wollen auch einen König haben! Er soll uns anführen, wenn wir kämpfen müssen!" Der erste König der Israeliten war Saul.

In Betlehem lebte damals ein Hirtenjunge. Er hieß David. Rut war seine Urgroßmutter. Er hatte sieben große Brüder.

Als wieder einmal Feinde kamen, griffen die Männer zu den Waffen und sammelten sich um König Saul. Auch die großen Brüder von David waren dabei.

Die Feinde hatten ein Lager aufgeschlagen. Als nun die Israeliten anrückten, trat aus dem Lager ein Mann heraus. Er war riesengroß und stark wie ein Bär. Er hieß Goliat.

Er rief den Israeliten zu: „Wer von euch nimmt es mit mir auf? Er soll herkommen! Wir wollen miteinander kämpfen. Wenn er mich besiegt, habt ihr den Krieg gewonnen. Wenn ich ihn besiege, habt ihr den Krieg verloren und werdet unsere Sklaven."

Die Israeliten hatten Angst. Keiner wollte mit Goliat kämpfen, auch König Saul nicht. Jeden Tag trat der Riese aus dem Lager und fragte: „Wer nimmt es mit mir auf?"

Eines Tages sagte Davids Vater zu ihm: „Sieh nach deinen Brüdern und sag mir, wie es ihnen geht. Bring ihnen etwas zu essen."

David kam gerade, als Goliat vortrat und die Israeliten verspottete. Er fragte die Soldaten: „Warum habt ihr solche Angst? Ich werde mit ihm kämpfen. Gott hilft mir."

König Saul gab David seine eigene Rüstung. Aber David konnte darin nicht gehen, sie war viel zu schwer. Er nahm seine Schleuder und suchte sich Kieselsteine am Bach.

David ging auf den Riesen Goliat zu. Der Riese wurde wütend, als er den Jungen sah. Er rief: „Was, du Knirps willst mit mir kämpfen? Komm her, ich spieße dich auf!"

David sagte: „Du verlässt dich auf Schwert und Spieß, ich vertraue auf Gott!" Er wirbelte seine Schleuder herum und der Stein traf Goliat am Kopf.

Der Riese fiel zu Boden. David nahm Goliats Schwert und schlug ihm den Kopf ab. Als die Feinde das sahen, liefen sie alle davon. Die Israeliten jubelten.

Sie trugen David auf den Schultern nach Hause. Als König Saul gestorben war, wurde David ihr König. Er besiegte alle Feinde. Gott war mit ihm.

Jona ist unzufrieden mit Gott

Jona war ein frommer Mann. Eines Tages sagte Gott zu ihm: „Jona, geh nach Osten in die große Stadt Ninive! Dort sind die Menschen so böse, dass ich nicht länger zusehen kann. Sage zu ihnen: Gott wird euch bestrafen!"

Aber Jona gehorchte Gott nicht. Er ging ans Meer, fand ein Schiff und fuhr in die entgegengesetzte Richtung, nach Westen. Er wollte Gott davonlaufen.

Da ließ Gott einen schweren Sturm kommen. Die Matrosen hatten Angst und schrien zu Gott. Nur Jona lag in einer Ecke und schlief.

Sie rüttelten ihn wach: „Hilf uns beten, vielleicht rettet uns Gott!" Aber Jona sagte: „Gott wird mich nicht hören. Ich bin an allem schuld. Ich habe ihm nicht gehorcht, darum hat er den Sturm geschickt. Werft mich ins Meer, dann hört der Sturm auf."

Die Matrosen wollten nicht. Aber als der Sturm immer schlimmer wurde, warfen sie Jona ins Meer. Sofort hörte der Sturm auf. Gott schickte einen großen Fisch, der verschluckte Jona.

Im Bauch des Fisches schrie Jona zu Gott und nach drei Tagen spuckte der Fisch ihn an Land.

Noch einmal sagte Gott zu Jona: „Geh nach Ninive! Sage den Leuten dort: Gott wird euch bestrafen!"

Diesmal gehorchte Jona. Er ging in die große Stadt und rief den Menschen zu: „Gott wird eure Stadt zerstören! Ihr tut so viel Böses. Ihr gebt den Armen nichts zu essen. Ihr raubt und mordet. Ihr müsst alle sterben. In vierzig Tagen ist es so weit!

Die Leute von Ninive erschraken. Sie zogen ihre Trauerkleider an und riefen zu Gott: „Es tut uns Leid, wir wollen uns bessern!"

Gott hörte es und beschloss, die Stadt nicht zu zerstören. Aber das wusste Jona nicht. Er setzte sich vor die Stadt und wartete darauf, dass Gott sie vernichtete.

Als nichts geschah, wurde Jona zornig und sagte zu Gott: „Das habe ich mir gleich gedacht, dass es dir nachher doch Leid tut. Du bist viel zu gut zu diesen bösen Menschen. Deshalb bin ich ja auch das erste Mal nicht hingegangen."

Jona saß unter einer schönen grünen Staude, die ihm Schatten gab. Da dachte Gott: Ich will ihm zeigen, wie ungerecht er ist. Er ließ die Staude verdorren, so dass die Blätter abfielen. Jetzt saß Jona in der prallen Sonne. Er wurde zum zweiten Mal zornig und beschwerte sich bei Gott.

Gott fragte Jona: „Warum bist du so zornig?" Jona sagte: „Weil die Staude verdorrt ist. Sie war so schön. Wo finde ich jetzt Schatten?"

Gott sagte: „Dir tut die Staude Leid, die du nicht gepflanzt und großgezogen hast. Mir tun die Menschen Leid, die ich erschaffen habe. Sie sollen nicht sterben. Alle Menschen sind meine Kinder. Ich freue mich, wenn sie zu mir kommen."

Geschichten von Jesus

Jesus ist anders als andere Menschen.
In ihm kommt Gott uns ganz nahe.
Jesus zeigt uns, wie Gott ist.

Der Heiland ist geboren

Im Römischen Reich herrschte der Kaiser Augustus. Auch die Israeliten und ihr König mussten ihm gehorchen. Eines Tages befahl der Kaiser: „Alle Menschen in meinem Reich sollen gezählt werden. Ihre Namen müssen aufgeschrieben werden. Jeder muss dazu in seine Heimatstadt gehen."

In der Stadt Nazaret wohnte Josef mit seiner Frau Maria. Seine Familie stammte aus Betlehem. Dort hatte einst König David als Hirtenjunge gelebt. Josef war ein Ur-Ur-Ur-Ur-Ur-Enkel von König David. Deshalb musste Josef nach Betlehem gehen.

Josef machte sich mit Maria auf die Reise. Sie erwartete ein Kind. Die Reise dauerte viele Tage. Josef ließ Maria auf dem Esel reiten.

In Betlehem waren alle Herbergen überfüllt. Maria war todmüde von der langen Reise. Aber niemand wollte die beiden aufnehmen. Endlich fand Josef einen Platz im Stall bei den Tieren.

In der Nacht bekam Maria ihr Kind. Sie wickelte es in Windeln und legte es in eine Futterkrippe. Josef und Maria gaben dem Kind den Namen Jesus.

Draußen auf dem Feld waren Hirten. Sie wachten in der Nacht bei ihren Schafen. Plötzlich wurde es ganz hell um sie. Das Licht kam von einem Engel.

Die Hirten erschraken, aber der Engel sagte: „Fürchtet euch nicht! Ich bringe euch große Freude. Der Heiland ist geboren. Heute, in Betlehem. Geht und sucht ihn! Er liegt als Kind in einer Krippe, in Windeln gewickelt."

Auf einmal waren da noch viele andere Engel. Sie sangen:
„Ehre sei Gott in der Höhe
und Friede auf Erden!
Gott hat die Menschen lieb."

Die Hirten gingen schnell nach Betlehem. Sie schauten in jeden Stall. Endlich fanden sie Maria und Josef und dazu das Kind in der Krippe. Sie betrachteten das Kind voller Freude.

Sie erzählten, was der Engel ihnen von dem Kind gesagt hatte. Dann gingen sie wieder zu ihren Schafen zurück. Sie lobten und priesen Gott, weil er den Heiland geschickt hatte.

In einem fernen Land lebten damals sternkundige Männer. Man nennt sie die Weisen aus dem Morgenland. Jede Nacht beobachteten sie, wie sich die Sterne bewegen. Eines Tages entdeckten sie einen neuen Stern. Sie sagten zueinander: „Ein großer König ist geboren! Der König, auf den alle warten. Wir wollen ihn suchen!"

Der Stern wies sie nach Jerusalem. Als sie dorthin kamen, gingen sie zu König Herodes. Sie sagten: „Die Sterne sagen uns: Der König ist geboren, auf den alle warten. Wir möchten ihn sehen."

Herodes sagte: „Hier ist kein König geboren!" Er rief die Priester und Gelehrten und fragte sie: „Wo soll denn der erwartete König geboren werden?" Sie suchten in ihren heiligen Büchern und fanden: In Betlehem, in der Stadt Davids.

Die Weisen zogen weiter nach Betlehem. Jetzt sahen sie auch wieder den Stern. Er ging ihnen voraus und führte sie zu dem Haus, in dem Maria mit dem Jesuskind war. Sie warfen sich vor dem Kindlein nieder wie vor dem Thron eines Königs. Dann packten sie ihre Schätze aus und schenkten dem Kind Gold, Weihrauch und Myrrhe.

Der zwölfjährige Jesus

Josef und Maria waren mit dem kleinen Jesus nach Nazaret zurückgekehrt. Dort wuchs er auf. Als Jesus zwölf Jahre alt war, durfte er zum ersten Mal nach Jerusalem.

Maria und Josef gingen jedes Frühjahr zum Passa-Fest nach Jerusalem. An diesem Fest feierten die Israeliten ihre Befreiung aus Ägypten. Jede Familie schlachtete ein Lamm und verzehrte es. Man erzählte die Geschichte vom Auszug aus Ägypten und sang Gott Loblieder.

Jesus freute sich, dass er zum Passa-Fest mitkommen durfte. Aus dem ganzen Land strömten Menschen nach Jerusalem. Auch aus Nazaret waren viele Bekannte und Verwandte auf dem Weg dorthin.

Als das Fest vorüber war, gingen alle wieder nach Hause. Josef und Maria dachten, Jesus sei schon mit den Verwandten vorausgegangen. So machten sie sich allein auf den Weg. Unterwegs fragten sie überall nach Jesus, aber niemand hatte ihn gesehen.

In großer Sorge kehrten Josef und Maria um und gingen nach Jerusalem zurück. Sie suchten Jesus in der ganzen Stadt – nirgends eine Spur von ihm.

Endlich am dritten Tag fanden sie ihn im Tempel, dem Haus Gottes. Er saß im Kreis der Lehrer und hörte ihnen zu,

wie sie über Gott sprachen. Er stellte ihnen Fragen und gab Antworten, wenn sie ihn fragten. Die Lehrer staunten über ihn.

Maria stürzte zu Jesus hin und rief: „Mein Kind, warum hast du uns das angetan? Dein Vater und ich haben dich ganz verzweifelt gesucht!"

Jesus sagte: „Warum habt ihr mich gesucht? Wisst ihr nicht, dass ich im Haus meines Vaters sein muss?"

Jesus kehrte mit seinen Eltern nach Nazaret zurück. Maria musste oft über das Wort nachdenken, das er gesagt hatte: „Ich muss im Haus meines Vaters sein."

Jesus kommt zur Hochzeit

Als Jesus groß war, suchte er Menschen, die mit ihm gehen sollten. Am See sah er zwei Fischer, Petrus und seinen Bruder Andreas. Sie warfen gerade ihre Netze aus.

Jesus rief ihnen zu: „Kommt mit mir, folgt mir nach! Ihr sollt Menschen zu Gott rufen. Ihr sollt Menschen-Fischer werden."

Die beiden Brüder kamen ans Ufer und folgten Jesus. Auch noch andere Männer rief Jesus zu sich. Schließlich waren es zwölf. Sie wurden seine Jünger und waren immer bei ihm.

In einem Dorf nahe bei Nazaret wurde eine Hochzeit gefeiert. Auch Jesus kam mit seinen Jüngern. Seine Mutter war schon da und winkte ihm.

Alle waren fröhlich, sie aßen und tranken. Die Diener schenkten die Becher immer wieder voll Wein. Aber auf einmal war der Wein zu Ende.

Und das Fest hatte erst angefangen!
   Maria flüsterte Jesus zu: „Sie haben keinen Wein mehr!" Jesus sagte: „Du musst mir nicht sagen, was ich zu tun habe." Er ging hinaus. Dort standen sechs große Krüge. Er befahl den Dienern: „Füllt die Krüge mit Wasser!"

Jesus sagte zu den Dienern: „Schöpft jetzt einen Becher voll und bringt ihn dem Koch." Der Koch wusste nicht, dass Wasser in den Krügen gewesen war. Er trank aus dem Becher und sagte: „Wo kommt der Wein her? Der ist ja noch viel besser als der andere!" Jetzt hatten alle wieder zu trinken. Sie feierten und waren fröhlich.

Die Jünger hatten alles miterlebt. Sie verstanden, was Jesus ihnen zeigen wollte. Wo Jesus ist, wird das Leben zu einem Fest. Gott selbst lädt die Menschen an seinen Tisch. Alle Traurigen sollen wieder froh werden. Gott hat die Menschen lieb.

Jesus und der Sturm

Jesus fuhr mit seinen Jüngern über den großen See. Er war müde und legte sich schlafen. Da kam ein gewaltiger Sturm auf. Das Schiff wurde von den Wellen hin und her geschleudert.

Die Jünger schrien vor Angst. Sie weckten Jesus und riefen: „Herr, hilf uns! Wir gehen unter!"

Jesus setzte sich auf und sagte: „Warum habt ihr denn solche Angst? Ich bin doch da!"

Jesus stand auf und sah die
Wellen drohend an. Er rief
dem Sturm und den Wellen zu:
„Schweigt jetzt! Seid STILL!"
 Da wurde es ganz still.
Kein Lüftchen bewegte sich,
der See lag spiegelglatt.

Die Jünger erschraken und sagten zueinander: „Wir haben noch gar nicht richtig gewusst, wer Jesus ist. Wind und Wellen gehorchen ihm aufs Wort!"

Jesus kommt zu Zachäus

In der Stadt Jericho wohnt Zachäus. Zachäus ist Zöllner. Kaufleute bringen Waren in die Stadt, Bauern bringen Früchte auf den Markt. Sie müssen dafür Zoll bezahlen, sonst dürfen sie nicht hinein.
   Zachäus nimmt mehr Geld, als er darf. Was er mehr nimmt, steckt er in die eigene Tasche.

Eines Tages kommt Jesus mit seinen Jüngern nach Jericho. In Windeseile spricht es sich herum. Die Leute strömen zusammen und wollen ihn sehen.

Auch Zachäus hört, dass Jesus in der Stadt ist. Er will ihn unbedingt sehen.

Zachäus ist klein. Die vielen Menschen versperren ihm die Sicht. Er kann nicht über sie hinwegsehen.

Da fällt ihm etwas ein. Wenn Jesus weitergeht, muss er da vorne an dem Baum vorbeikommen.

Zachäus läuft voraus und klettert auf den Baum. Gleich muss Jesus hier sein.
Als Jesus zu dem Baum kommt, blickt er hinauf. Er sieht Zachäus an und sagt: „Komm schnell herunter! Ich muss heute in deinem Haus einkehren."

Zachäus klettert vom Baum und führt Jesus in sein Haus. Die anderen Leute beginnen zu schimpfen: „Jesus soll nicht zu Zachäus gehen! Zachäus ist ein Betrüger. Er nimmt zu viel Geld und steckt es in die eigene Tasche."

Zachäus sagt zu Jesus: „Ich habe Unrecht getan. Die Hälfte von meinem Geld gebe ich armen Leuten. Und wer zu viel bezahlt hat, bekommt es zurück."

Jesus sagt zu Zachäus: „Heute ist ein Glückstag für dich und dein Haus. Gott freut sich über dich. Jeder darf zu Gott kommen und neu anfangen."

Jesus und der Gelähmte

Überall wo Jesus hinkam, liefen die Leute zusammen. Einmal ging er in ein Haus. Alle drängten sich hinein und wollten hören, was er von Gott erzählte. Viele mussten vor der Tür stehen, weil kein Platz mehr war.

Da brachten vier Männer einen kranken Mann. Sie trugen ihn in einer Decke. Er konnte nicht selber gehen, er war gelähmt.

Sie wollten ihn zu Jesus bringen, aber sie konnten nicht ins Haus kommen.

So stiegen sie auf das flache Dach und deckten es an einer Stelle ab. Durch das Loch ließen sie den Gelähmten hinunter, gerade Jesus vor die Füße.

Jesus blickte hinauf und sah die vier Männer auf dem Dach. Er merkte, dass sie großes Vertrauen zu ihm hatten. Sie glaubten fest, dass er helfen konnte. Da sagte er zu dem kranken Mann: „Deine Sünden sind dir vergeben. Gott ist nicht böse auf dich. Er hat dich lieb."

Ein paar besonders fromme Männer standen dabei. Sie dachten: „Das darf Jesus nicht sagen! Nur Gott kann uns unsere Sünden vergeben."

Jesus wusste genau, was sie dachten. Er fragte sie: „Was ist schwerer: zu dem Gelähmten sagen: Deine Sünden sind dir vergeben – oder machen, dass er wieder gehen kann? Ihr sollt sehen, dass ich Sünden vergeben kann."

Er sah den gelähmten Mann an und sagte: „Steh auf! Nimm deine Decke und geh nach Hause." Sogleich stand er auf, nahm seine Decke auf die Schulter und ging hinaus.

Die Menschen staunten. Sie lobten und priesen Gott und sagten: „So etwas haben wir noch nie gesehen."

Der verlorene Sohn

Gott liebt uns. Wir dürfen immer zu ihm kommen, auch wenn wir etwas falsch gemacht haben und nichts mehr von ihm wissen wollten. Jesus erzählte dazu eine Geschichte.

Ein Vater hatte zwei Söhne. Sie halfen ihm bei der Arbeit. Später sollten sie einmal alles von ihm erben: das Haus, die Felder, die Tiere und das ganze Geld.

Eines Tages sagte der jüngere Sohn zum Vater: „Ich bin jetzt groß. Ich will fort. Gib mir den Teil vom Erbe, der mir zusteht."

Der Vater gab ihm eine große Menge Geld. Der Sohn nahm den Geldsack, packte seine Sachen zusammen und ging fort.

Er kam in die große Stadt. Dort kaufte er sich alles, was ihm gefiel. Er ging in das feinste Gasthaus und aß und trank die besten Sachen. Er lud viele Leute ein, Männer und Frauen. Sie waren lustig, sie aßen und tranken, und er bezahlte alles.

Auf einmal war sein Geld zu Ende. Er dachte: Jetzt werden die anderen für mich bezahlen. Wir sind doch gute Freunde! Aber sie waren plötzlich alle verschwunden. Kein Einziger half ihm.
Er hatte keinen Pfennig mehr und musste hungern.

Er ging zu einem Bauern und bat ihn: „Lass mich bei dir arbeiten!" Der Bauer sagte: „Du kannst meine Schweine hüten. Aber vergreif dich nicht am Schweinefutter!" Er bekam, so wenig zu essen, dass er immer Hunger hatte.

Da besann er sich und dachte: Mein Vater hat so viele Knechte und alle bekommen genug zu essen. Ich will zu meinem Vater gehen und sagen: „Ich habe Unrecht getan. Ich kann nicht mehr dein Sohn sein. Lass mich als Knecht bei dir arbeiten!"

Der Vater sah den Sohn kommen und ging ihm entgegen. Der Sohn sagte: „Vater, es war nicht recht, was ich getan habe. Ich bin schuldig geworden. Ich kann nicht mehr dein Sohn sein. Lass mich als Knecht bei dir arbeiten!"

Der Vater schloss ihn in die Arme und sagte: „Du bist und bleibst mein Sohn. Du bist nach Hause gekommen. Das ist ein Freudentag für mich!"

Er rief seine Diener und befahl: „Bring schnell die besten Kleider für ihn. Steckt ihm einen Ring an den Finger und zieht ihm Schuhe an. Holt das Mastkalb herbei und schlachtet es. Wir wollen essen und fröhlich sein. Mein Sohn ist wieder da!"

Der ältere Sohn arbeitete noch auf dem Feld. Als er heimkam und hörte, was geschehen war, wollte er nicht hineingehen. Als der Vater herauskam, sagte er:

„Ich habe so viele Jahre hart gearbeitet und habe nie etwas dafür bekommen. Jetzt kommt der Nichtsnutz, der all dein Geld verschleudert hat, und du machst ein großes Fest!"

„Lieber Sohn!" sagte der Vater. „Du bist doch bei mir zu Hause! Alles, was mir gehört, gehört auch dir. Aber dein Bruder war verloren und ist wiedergefunden. Er war tot und ist wieder lebendig. Müssen wir das nicht feiern? Komm und freu dich mit!"

Der barmherzige Samariter

Jesus erzählte einmal eine Geschichte:

Ein Mann aus Jerusalem machte eine Reise. Auf dem Weg überfielen ihn Räuber. Sie schlugen ihn halb tot und nahmen ihm alles weg. So ließen sie ihn liegen.

Ein anderer Mann kam vorbei. Er kam vom Tempel, dem Haus Gottes in Jerusalem. Er war Priester und hatte dort den Gottesdienst gehalten. Er sah den verletzten Mann und ging vorbei.

Nach ihm kam ein Tempeldiener. Auch er sah den Mann und ging vorbei.

Dann kam ein Mann aus
Samariten, ein Samariter.
Die Leute von Jerusalem
mögen die Samariter nicht.
Sie verachten sie.

Der Samariter sieht den Verletzten und bleibt stehen. Er hat Mitleid mit ihm. Er geht zu ihm hin und verbindet seine Wunden. Er hebt ihn auf seinen Esel und nimmt ihn mit.

Der Samariter brachte den Verletzten zum nächsten Gasthaus. Dort legte er ihn in ein Bett und sorgte für ihn. Am andern Morgen musste er weiterreisen. Er gab dem Wirt Geld und sagte: „Sorge gut für den Mann. Wenn es mehr kostet, bezahle ich es, wenn ich zurückkomme."

Als Jesus diese Geschichte erzählt hatte, sagte er: „Nehmt euch ein Beispiel an dem Samariter. Ihr kennt das Gebot: Du sollst deinen Nächsten lieben wie dich selbst! Ich aber sage euch: Ihr sollt nicht nur eure Freunde lieben, sondern auch eure Feinde. Alle Menschen sind Kinder des Vaters im Himmel."

Jesus besiegt den Tod

Jesus kam mit seinen Jüngern in eine Stadt. Viele Menschen folgten ihm. Da kam ein Mann gelaufen und warf sich vor ihm nieder. „Meine Tochter liegt im Sterben", sagte er. „Komm schnell und hilf!" Jesus ging mit.

Auf halbem Weg kamen ihnen Leute entgegen und sagten zu dem Vater: „Das Kind ist gestorben. Jetzt kann Jesus auch nicht mehr helfen."

Der Vater weinte laut. Aber Jesus legte den Arm um ihn und sagte: „Hab keine Angst, vertraue mir!"

So kamen sie zum Haus.
Schon von weitem hörten sie
die lauten Klagerufe.
Alle Nachbarinnen waren
gekommen und weinten.

Jesus sagte zu ihnen: „Warum weint ihr? Das Kind ist nicht tot, es schläft nur!"

Die Frauen lachten ihn aus: „Wir haben es gesehen. Es ist tot!"

Jesus schickte sie aus dem Haus. Nur der Vater, die Mutter und drei Jünger durften dableiben.

Das Mädchen lag leblos auf seinem Lager. Jesus fasste es an der Hand und sagte: „Steh auf!"

Da öffnete es die Augen und setzte sich auf. Es sprang vom Lager und ging im Zimmer umher.

Jesus sagte zu den Eltern: „Gebt dem Kind etwas zu essen!"

Die Eltern und die Jünger waren ganz erschrocken. Das hatten sie nicht für möglich gehalten. Jesus war stärker als der Tod!

Ein Blinder wird sehend

Jesus wanderte mit seinen Jüngern durch das Land. Er kam in eine Stadt. Da saß am Stadtrand ein Mann. Er hieß Bartimäus. Er war blind und konnte nicht arbeiten. Er musste betteln.

Bartimäus hörte, dass Jesus vorbeikam. Er rief ganz laut: „Jesus, hilf mir!"

Die Leute, die dabeistanden, fuhren Bartimäus an: „Schrei nicht so! Lass Jesus in Ruhe! Sei still!"

Aber Bartimäus schrie noch viel lauter: „Jesus hilf mir! Jesus hilf mir!"

Jesus blieb stehen und sagte: „Ruft ihn her!"
Sie gingen zu Bartimäus und sagten: „Du kannst dich freuen, Jesus ruft dich. Steh auf!"

Bartimäus warf seinen Mantel von sich und lief zu Jesus.

Jesus fragte Bartimäus: „Was möchtest du?"

Bartimäus sagte: „Herr, ich will sehen können!"

Jesus sagte: „Du hast Vertrauen zu mir. Darum wirst du sehen."

Und auf einmal konnte Bartimäus sehen. Er holte seinen Mantel und folgte Jesus auf seinem Weg.

Jesus stirbt für uns

Jesus ging mit seinen Jüngern zum Passa-Fest nach Jerusalem. Viele Menschen waren auf dem Weg zum Fest. Als Jesus in die Nähe der Stadt kam, setzte er sich auf einen Esel.

Die Menschen legten ihre Mäntel auf den Weg und schwenkten Palmzweige. Sie riefen: „Jetzt kommt der König, auf den wir warten! Gott hat ihn geschickt. Gelobt sei Gott in der Höhe!"

Alle dachten daran, was Gott vor langer Zeit gesagt hatte:
„Jerusalem, dein König kommt zu dir! Er bringt das Heil und den Frieden. Er kommt nicht mit Waffen und Kriegswagen. Er reitet auf einem Esel."

So zog Jesus in die Stadt ein. Die Menschen jubelten ihm zu. Aber Jesus hatte mächtige Feinde in der Stadt. Sie sagten: „Er ist nicht der richtige König. Er muss sterben!"

Am Abend feierte Jesus mit seinen Jüngern das Passa-Mahl. Er nahm das Brot, um es an die Jünger auszuteilen. Das tat bei diesem Fest jeder Vater in seiner Familie.

Aber Jesus sagte nicht, wie es der Brauch war: „Dies ist das Brot des Elends, das wir in Ägypten aßen." Er sagte: „Nehmt und esst! Dieses Brot ist mein Leib. Ich sterbe für euch, damit ihr leben könnt."

Dann nahm er den Becher mit Wein und sagte: „Trinkt alle daraus! Das ist mein Blut. Ich vergieße es für euch. Daran sollt ihr Gottes Liebe erkennen. Er vergibt euch alle eure Sünden."

Nach dem Passa-Mahl ging Jesus mit seinen Jüngern in einen Baumgarten vor der Stadt. Dort wollten sie unter den Ölbäumen übernachten. Es war schon dunkel.

Jesus sagte zu den Jüngern: „Bleibt wach und betet, damit ihr nicht versagt. Ihr werdet in dieser Nacht auf eine schwere Probe gestellt." Aber die Jünger waren müde und schliefen ein.

Jesus ging tiefer in den Garten hinein und warf sich nieder. Er betete zu Gott: „Mein Vater, hilf mir! Ich habe Angst. Wenn es sein kann, erspare mir das bittere Leiden! Lass mich noch nicht sterben! Aber nicht wie ich will, sondern wie du willst."

Als Jesus zu den Jüngern zurückkam, sah er Männer mit Fackeln in den Garten kommen. Er weckte die Jünger und sagte: „Jetzt ist es soweit!" Die Männer packten Jesus und fesselten ihm die Hände. Dann führten sie ihn ab. Die Jünger ließen Jesus im Stich, sie liefen alle davon.

Die Männer brachten Jesus zuerst zum Obersten Priester. Der fragte Jesus: „Hat dich Gott gesandt? Bist du Gottes Sohn?"

Jesus antwortete: „Ja!" Der Oberste Priester sagte: „Du machst dich selbst zu Gottes Sohn. Dafür musst du sterben."

Der Oberste Priester ließ Jesus zum römischen Statthalter bringen.

Der Statthalter hieß Pilatus. Nur Pilatus konnte Jesus zum Tod verurteilen.

Der Oberste Priester sagte zu Pilatus: „Jesus ist gefährlich. Er will König werden. Er will den römischen Kaiser stürzen!"

Pilatus dachte: So sieht Jesus nicht aus. Er befahl seinen Soldaten, Jesus auszupeitschen.

Danach wollte Pilatus ihn freilassen. Die Soldaten schlugen Jesus. Dann verspotteten sie ihn. Sie zogen ihm einen roten Königsmantel an und setzten ihm eine Krone aus Dornen auf den Kopf.

So zeigte ihn Pilatus der Volksmenge, die sich vor seinem Palast versammelt hatte.

Er sagte zum Volk: „Da habt ihr euren König!"

Der Oberste Priester und seine Leute hatten das Volk gegen Jesus aufgehetzt. Die ganze Menge rief: „Wir wollen diesen König nicht. Ans Kreuz, ans Kreuz mit ihm!"

Pilatus gab nach und sagte: „Gut, ihr sollt euren Willen haben. Ich lasse ihn kreuzigen."

Die Soldaten führten Jesus zur Kreuzigung. Er musste selbst das schwere Holzkreuz tragen. So kamen sie zum Hügel Golgatha (oder Golgota) draußen vor der Stadt. Dort nagelten die Soldaten Jesus ans Kreuz.

Maria und der Jünger Johannes standen beim Kreuz. Die anderen Jünger hatten Angst und hielten sich versteckt. Nur ein paar Frauen, die Jesus gefolgt waren, schauten von ferne zu.

Die Priester verspotteten Jesus und sagten: „Steig doch vom Kreuz herunter! Dann wollen wir glauben, dass du Gottes Sohn bist!"

Aber Jesus wusste, dass er für die Menschen sterben musste. Er blickte auf die Soldaten und auf seine Feinde und betete: „Vater, vergib ihnen! Sie wissen nicht, was sie tun."

So starb Jesus am Kreuz. Gott wollte den Menschen zeigen: Ich habe euch lieb. Sogar meinen Sohn gebe ich für euch hin.

Ein paar fromme Männer kamen und nahmen den toten Jesus vom Kreuz. Sie legten ihn in ein leeres Grab, das in den Felsen gehauen war. Sie rollten einen großen Stein vor die Tür des Grabes.

Jesus ist auferstanden

Die Frauen sahen, wo die Männer Jesus hinlegten. Es war schon spät am Abend. Es war keine Zeit mehr, den Toten für das Begräbnis zu salben.
   Am nächsten Tag war Sabbat, der Ruhetag. Alle mussten an diesem Tag in der Stadt bleiben. Am Tag danach,

es war der Sonntag, gingen die Frauen in aller Frühe zum Grab. Es ging gerade die Sonne auf. Sie hatten kostbare Salben bei sich.

Die Frauen sagten zueinander: „Wer wälzt uns den Stein vom Eingang des Grabes?" Aber als sie hinkamen, war das Grab offen.

Ein Engel stand am Eingang und sagte zu den Frauen: „Ihr sucht Jesus. Hier könnt ihr ihn nicht finden. Er ist nicht mehr tot, er lebt. Geht zu seinen Jüngern, sagt ihnen: Jesus ist auferstanden!"

Die Frauen waren ganz erschrocken und wussten nicht, was sie denken sollten.

An diesem Sonntag gingen zwei Jünger von Jerusalem nach Emmaus. Es war ein Weg von ein paar Stunden. Sie waren traurig, weil Jesus tot war. Die ganze Zeit sprachen sie darüber. Die Frauen hatten gesagt: Das Grab ist leer! Aber niemand hatte Jesus gesehen. Hatte jemand den Leichnam weggetragen?

Unterwegs trafen sie einen Fremden, der denselben Weg ging. Es war Jesus, aber sie erkannten ihn nicht.

Er fragte sie: „Warum seid ihr so traurig?" Sie erzählten ihm alles, was sie in den letzten Tagen erlebt hatten. Jesus war am Kreuz gestorben und alle ihre Hoffnungen waren dahin. Sie hatten doch fest damit gerechnet, er würde nun bald König werden.

Jesus sagte zu ihnen: „In den heiligen Büchern steht: Der König, auf den alle warten, muss leiden und sterben. Es ist alles genauso gekommen, wie Gott es gewollt hat. Jesus selbst hat es euch im Voraus gesagt. Warum glaubt ihr nicht?"

Als sie nach Emmaus kamen, wurde es schon dunkel. Die beiden Jünger luden den Fremden ein: „Bleib bei uns über Nacht!" Er ging mit ihnen und sie setzten sich zu Tisch.

Jesus nahm ein Stück Brot und dankte Gott dafür. Er brach das Brot in Stücke und gab es den beiden. Da gingen ihnen die Augen auf und sie erkannten, dass es Jesus war. Aber im gleichen Augenblick war er verschwunden.

Sie sagten zueinander: „Warum haben wir ihn nicht früher erkannt? Es wurde uns doch so warm ums Herz, als er unterwegs mit uns redete!"

Sie machten sich sofort auf den Weg und gingen mitten in der Nacht nach Jerusalem zurück.

Als sie zu den anderen Jüngern kamen, riefen die ihnen entgegen: „Jesus ist auferstanden! Petrus hat ihn gesehen!"

Da erzählten sie, was sie selbst erlebt hatten und wie sie Jesus erkannt hatten, als er ihnen das Brot gab.

Das Pfingstfest

Während die beiden Jünger noch erzählten, stand plötzlich Jesus selbst unter ihnen. Alle erschraken, aber Jesus sagte: „Habt keine Angst! Ich bin es wirklich!"

Jesus kam noch öfter zu den Jüngern. Sie fragten ihn: „Wirst du jetzt König über Israel und über die ganze Welt?"

Jesus sagte: „Zuerst muss noch viel geschehen. Geht in die Welt hinaus und erzählt allen Menschen von mir. Tauft sie. Sagt ihnen: Gott hat euch lieb, ihr seid seine Kinder, ihr gehört zu Jesus."

Dann führte er die Jünger auf den Ölberg und sagte:

„Ihr seht mich jetzt zum letzten Mal. Ich gehe zu meinem Vater. Aber ich bleibe euch nah. Ich schicke euch den Heiligen Geist. Der gibt euch Kraft und Mut. Geht als meine Boten in die ganze Welt!"

Während Jesus das sagte, wurde er vor ihren Augen emporgehoben. Eine Wolke nahm ihn auf, so dass sie ihn nicht mehr sehen konnten.

Plötzlich standen zwei Engel bei ihnen. Sie sagten: „Warum starrt ihr nach oben? Jesus ist jetzt bei Gott. Er wird einst wiederkommen. Tut, was er euch gesagt hat!"

Die Jünger kehrten nach Jerusalem zurück. Sie warteten auf den Heiligen Geist, den Jesus ihnen versprochen hatte. Sie blieben immer beisammen und beteten. Auch die Frauen waren dabei.

Zehn Tage später war das Pfingstfest. Fromme Leute aus vielen Ländern waren nach Jerusalem gekommen. Die Jünger, Männer und Frauen, waren zum Gebet versammelt.

Da brauste auf einmal ein Sturm vom Himmel und wehte durch das Haus, in dem sie waren.

Man sah Feuer, das sich zerteilte. Auf jeden von ihnen ließ sich eine kleine Flamme nieder. Alle wurden erfüllt vom Heiligen Geist und begannen, Gottes große Taten zu preisen.

Die Menschen liefen alle zusammen. Sie staunten, denn jeder hörte die Jünger in seiner eigenen Sprache reden.

Sie konnten es sich nicht erklären. Einige spotteten und sagten: „Die sind ja wohl betrunken!"

Da trat Petrus vor und sagte: „Jetzt geht in Erfüllung, was Gott versprochen hat! Jesus lebt, er ist nicht im Grab geblieben. Er hat uns den Heiligen Geist geschickt. Dieser Geist legt uns die Worte in den Mund, die ihr alle verstehen könnt. Kommt zu Jesus! Er schenkt euch Frieden und macht euch zu neuen Menschen."

Viele wollten noch mehr von Jesus hören. Sie ließen sich taufen und hielten wie eine große Familie zusammen.

Ein Afrikaner wird getauft

Ein Afrikaner fährt in seinem Wagen durch eine einsame Gegend. Er war zu Besuch in Jerusalem und kehrt jetzt heim nach Afrika. Er ist ein Minister der Königin von Äthiopien. Er hat in Jerusalem im Tempel gebetet.

Der Afrikaner hat im Tempel ein Buch bekommen. Er liest in dem Buch.

Am Wegrand steht Philippus. Gott hat zu ihm gesagt: „Der Afrikaner braucht dich!" Als der Wagen herankommt, fragt Philippus den Afrikaner: „Was liest du da?"

Der Afrikaner antwortet: „Ein altes heiliges Buch, aber ich verstehe es nicht. Kannst du mir helfen?"

Philippus steigt zu dem Afrikaner auf den Wagen. Der Afrikaner zeigt ihm das Buch. Philippus kennt es.

Ein Prophet hat das Buch vor langer Zeit geschrieben. Es heißt darin: „Er hat alles schweigend erduldet, wie ein Schaf, das zum Schlachten geführt wird. Aber Gott hat ihn von der Erde weggenommen und ihm viele Kinder gegeben."

Der Afrikaner fragt: „Von wem redet der Prophet?" Philippus sagt: „Er redet von Jesus. Jesus ist das Lamm, das alle Schmerzen geduldig ertragen hat. Jetzt ist er bei Gott. Alle, die ihm vertrauen, sind wie eine große Familie. Sie sind seine Kinder."

Der Afrikaner sagt zu Philippus: „Ich möchte auch zu dieser Familie gehören."

Philippus sagt: „Jeder, der Jesus vertraut und sich taufen lässt, gehört dazu."

Sie kommen an einen Teich vorbei. Der Afrikaner sagt: „Hier ist Wasser! Taufe mich, ich möchte zu Jesus gehören."

Sie steigen vom Wagen und gehen zum Wasser. Philippus sagt: „Ich taufe dich im Namen Gottes – im Namen des Vaters, des Sohnes und des Heiligen Geistes."

Philippus taucht den Afrikaner dreimal unter. Dann sagt er zu ihm: „Du bist jetzt ein neuer Mensch. Du gehörst zu Jesus."

Als der Afrikaner aus dem Wasser steigt, ist Philippus verschwunden. Philippus hat alles getan, was er sollte. Gott braucht ihn jetzt anderswo.

Der Afrikaner ist nicht traurig. Er fühlt sich wie neugeboren. Er sagt: „Ich bin getauft. Ich gehöre zu Jesus." Fröhlich setzt er seine Reise fort.

Noch viele Menschen in der Welt hören von Jesus. Sie fangen ein neues Leben an. Sie freuen sich, dass Gott sie lieb hat. Sie freuen sich, dass sie zu Jesus gehören.

Sie helfen einander. Sie sind eine große Familie.

Inhalt und biblische Quellen

Geschichten aus alter Zeit

Gott erschafft die Welt — 4
1. Mose/Genesis 1,1 bis 2,4a

Gott rettet Noah in der Arche — 12
1. Mose/Genesis 6,5 bis 9,17

Abraham folgt Gottes Ruf — 18
1. Mose/Genesis 12,1–9; 18,1–15; 21,1–8

Esau und Jakob — 24
1. Mose/Genesis 25,21–28; 27,1 bis 28,22

Josef und seine Brüder — 32
1. Mose/Genesis Kapitel 37 und 39–45

Der Auszug aus Ägypten — 40
2. Mose/Exodus Kapitel 1–12; 14,1 bis 15,21

Der Weg in das versprochene Land — 46
2. Mose/Exodus 16,1 bis 17,7; 19,1 bis 20,21; 25,1–22

Ruts Treue wird belohnt   Rut 1–4 — 52

David und Goliat   1. Samuel 17,1–51 — 58

Jona ist unzufrieden mit Gott — 64
Jona 1–4

Geschichten von Jesus

Der Heiland ist geboren — 72
Lukas 2,1–20; Matthäus 2,1–12

Der zwölfjährige Jesus — 82
Lukas 2,41–52

Jesus kommt zur Hochzeit — 86
Markus 1,16–20; 3,13–19; Johannes 2,1–11

Jesus und der Sturm — 92
Matthäus 8,23–27

Jesus kommt zu Zachäus — 96
Lukas 19,1–10

Jesus und der Gelähmte — 102
Markus 2,1–12

Der verlorene Sohn — 106
Lukas 15,11–32

Der barmherzige Samariter — 116
Lukas 10,25–37 (6,27–35)

Jesus besiegt den Tod — 122
Markus 5,21–43

Ein Blinder wird sehend — 128
Markus 10,46–52

Jesus stirbt für uns — 134
Matthäus 21,1–11; 26,1 bis 27,61 (Lukas 23,34)

Jesus ist auferstanden — 144
Lukas 24 (vgl. Matthäus 28,1–8; Markus 16,1–8)

Das Pfingstfest — 150
Apostelgeschichte 1,1–11; 2,1–41

Ein Afrikaner wird getauft — 154
Apostelgeschichte 8,26-40